SIEGFRIED VOGEL
REINHARD HOROWSKI

Leistung im Alter
bei Parkinsonscher Krankheit

Siegfried Vogel
Reinhard Horowski

Leistung im Alter bei Parkinsonscher Krankheit

Ein Essay am Beispiel von
Leonardo da Vinci, Wilhelm von Humboldt
und Johannes Paul II.

Duncker & Humblot · Berlin

Bibliografische Information Der Deutschen Bibliothek

Die Deutsche Bibliothek verzeichnet diese Publikation in
der Deutschen Nationalbibliografie; detaillierte bibliografische
Daten sind im Internet über <http://dnb.ddb.de> abrufbar.

Zu den Autoren:

Prof. Dr. med. Siegfried Vogel
ist Chefarzt der Abteilung Neurochirurgie
am Sankt Gertrauden Krankenhaus in Berlin.

Dr. med. Reinhard Horowski
ist Arzt für Pharmakologie, langjähriger Leiter
der neurowissenschaftlichen Forschungsabteilung
bei der Schering AG Berlin,
Geschäftsführer der NeuroBiotec GmbH Berlin.

Alle Rechte vorbehalten
© 2003 Duncker & Humblot GmbH, Berlin
Fremddatenübernahme und Druck:
Berliner Buchdruckerei Union GmbH, Berlin
Printed in Germany

ISBN 3-428-11443-4

Gedruckt auf alterungsbeständigem (säurefreiem) Papier
entsprechend ISO 9706 ♾

Internet: http://www.duncker-humblot.de

Die heute existierende Menschheit von 5,4 Milliarden benötigt zur Kommunikation etwa 240 Sprachen. Die 100 Milliarden Nervenzellen des menschlichen Gehirns nutzen etwa 16 Transmitter, um sich miteinander zu unterhalten. *Edelmann* zeigte, daß diese Kommunikationssysteme das morphologische Chaos der Nervenzellnetze in synaptische Assembles gruppieren. Zwei solcher Kommunikationsstoffe, die Transmitter an den Kontaktstellen zwischen zwei Neuronen, sind Dopamin und Noradrenalin. Kontinuierliche Bildung dieser Substanzen und ständige Verfügbarkeit charakterisieren derartige Neuronenverbände des Hirns. Dabei stehen Bildung und Transport dieser Transmitter im engen funktionellen Zusammenhang und gestatten, ganze Systeme des Hirns durch einen derartigen Botenstoff zu charakterisieren. So finden wir dopaminerge Neuronensysteme nicht nur in der Substantia nigra des Mesencephalons, sondern auch im limbischen Cortex des Gyrus cinguli und der Riechbahn im hypothalamisch-hypophysären System und im Striatum, einem komplexen Regulationssytem der Motorik.

Für 200 von 100 000 der Bevölkerung fällt dieser Transmitter Dopamin in diesem nigrostriatalen System aus. Nicht plötzlich, sondern allmählich, selten schon im dritten Lebensjahrzehnt, meist erst nach dem 50. Lebensjahr beginnend und kontinuierlich fortschreitend läßt sich der Verlust dieser Kommunikation über Dopamin erkennen. Die jährliche Inzidenz der 65- bis 74-jährigen beträgt 113/100 000 und für die 75- bis 84-jährigen pro Jahr 254/100 000 Einwohner. Die Mortalität der an Parkinsonscher Erkrankung Leidenden ist aber nicht höher als in der nicht erkrankten Bevölkerung (*Herdegen*).

Da der Anteil der über 60-jährigen in der Bundesrepublik Deutschland zunimmt, wird auch diese häufigste Erkrankung der Basalganglien absolut häufiger werden. Waren 1950 noch 14,6% (also 10,1 Millionen) der Bevölkerung älter als 60 Jahre, so stieg dieser Anteil im Jahre 2001 auf 20,9% (also 17,3 Millionen). Prognostisch wird sich diese Relation bis 2050 verringern auf 16,1% (also 12,1 Millionen) (Bundesamt Globus). Dennoch bleibt der Anteil der an Parkinsonscher Erkrankung Leidender hoch und die

Lebensqualität auch abhängig von der Bewertung der nicht betroffenen Bevölkerung für diese sozial behinderten Kranken. *Calne* und Mitarbeiter untersuchten den Zellverlust in Abhängigkeit vom Lebensalter und fanden einen synchronen Abfall von dopaminergen Neuronen in der Substantia nigra pars compacta ohne Entwicklung von Krankheitssymptomen (Abb. 1). Erst der asynchrone Verlust von mehr als 80% dopaminerger Neuronen läßt Rigor, Akinesie und Ruhetremor (vermehrte Muskelspannung, Bewegungslosigkeit und Zittern der Arme des Kopfes in Ruhe) entstehen. Ein Krankheitsbild, welches der Antike bei Menschen hohen Alters und beispielgebender Vernunft ebenso bekannt war (Abb. 2) in seiner typischen Erscheinung von körperlicher Hilflosigkeit und unverminderter intellektueller Leistungsfähigkeit sowie ungetrübtem kritischen Blick zur eigenen Person.

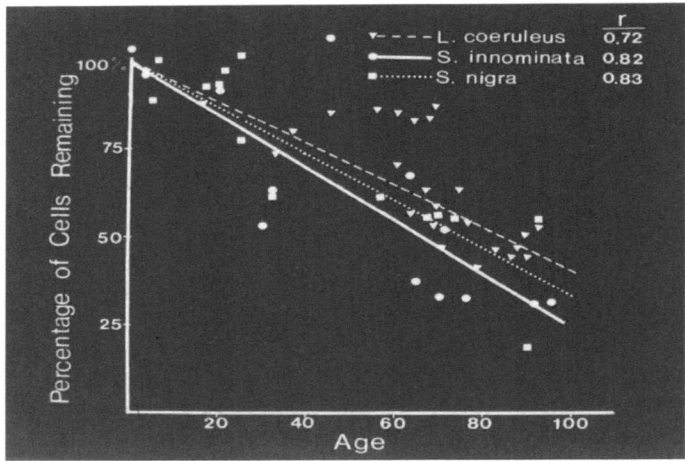

Abb. 1: Das Diagramm zeigt den altersabhängigen Verlust von Neuronen in der Substantia nigra. Damit wird deutlich, daß mit fortschreitendem Alter die Funktionsstörung eintritt, die das typische Bild der Parkinsonschen Erkrankung auslöst (*Calne*, 1989).

James Parkinson, 1775–1824, Arzt in London, beschrieb 1817 sechs von ihm beobachtete Patienten mit sehr typischen Bewegungsstörungen und Zittern, „wobei aber Intellekt und Sinne nicht beeinträchtigt sind". Er wäre sicher sehr verblüfft darüber, daß heute sein Name durch diesen kurzen „Essay über die Schüttel-

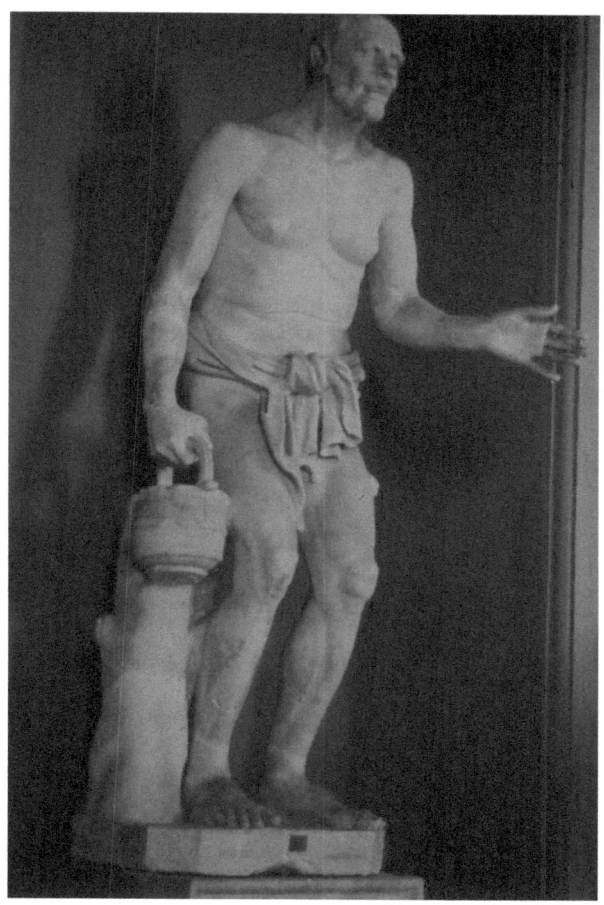

Abb. 2: Darstellung eines griechischen Philosophen. Skulptur aus dem 4. Jahrhundert vor Christus, Vatikanisches Museum Rom. Die nach vorn gebeugte Haltung mit leicht gewinkelten Beinen ist als typische Haltung eines Parkinsonkranken zu erkennen. Die nach vorn gehaltene Lampe weist auf die geistige Klarheit des Menschen hin, der körperlich gebrechlich wirkt.

lähmung" als Krankheitsbezeichnung allgemein bekannt ist – obwohl diese so häufige Erkrankung weder eine Lähmung ist noch das Ruhezittern ein Schütteln bei Bewegung darstellt.

Charcot hat diese Bezeichnung Parkinsons als „Shaking palsy" abgelehnt und „faute de mieux", d. h. mangels besserer Alternativen vorgeschlagen, sie zunächst nach Parkinson zu benennen. Trotz der falschen Benennung aber hat Parkinson (der sicher hoffte, wenn überhaupt, dann als Beschreiber der Appendizitis oder als Fossilienforscher oder gar als politischer Reformer bekannt zu werden) diese für die Medizin seiner Zeit neue Krankheit in ihrer Komplexität sehr gut beschrieben.

Die klar differenzierende Schilderung vermerkt, daß Intelligenz, Verstand und Wahrnehmung dieser Patienten nicht beeinträchtigt sind. Dies überrascht, wenn man heute Parkinsonpatienten im eigenen Umfeld oder in den Medien erlebt, beschrieben oder bewertet findet. In der Oberflächlichkeit der Beobachtung werden Alter, Hilflosigkeit und geistige Hinfälligkeit gleichgestellt. Verlangsamung wird mit geistiger Behinderung, mangelnde Kommunikation mit Depression und körperliche Hilflosigkeit mit sozialer Isolation gleichgesetzt.

In der veränderten Altersstruktur unserer heutigen Bevölkerung liegt auch begründet, warum eine solche Erkrankung wie die Parkinsonsche Krankheit heute mehr in das Blickfeld gelangt und die Wertung eines solchen Patienten kritisch hinterfragt wird. Schauen wir in die Vergangenheit, so war zwar die maximale Lebenserwartung der Menschen wohl immer die gleiche, doch erreichten nur einige wenige der Männer ein „biblisches Alter" von 65 Jahren oder darüber und sicher noch weniger Frauen (die durch zahlreiche Geburten und schlechteren sozialen Status sehr benachteiligt, gefährdet waren, so daß ihre heutige höhere Lebenserwartung gegenüber Männern als eine Art „gerechter Ausgleich" erscheint).

So suchen wir noch immer erfolglos nach einem ägyptischen Pharao, einem griechischen Philosophen (von dem wir nur die Plastik betrachten können) oder römischen Senator, von dem etwa Folgendes berichtet werden müßte: „... er betrat den Raum langsam, an der Schwelle zögernd, mit kleinen unsicheren Schritten, seine Arme schwangen beim Gehen nicht mit, sondern hingen steif herab, er blieb stehen, wenn man ihn ansprach und wandte sich dem Sprecher dann mit quälender Langsamkeit zu, wenn er dann Platz genommen hatte oder bei Tische saß, fiel es ihm äußerst schwer wieder aufzustehen, sein ganzer Körper wirkte steif und er stand nach vorn gebeugt mit unbeweglichem Gesicht, obwohl er unaufhörlich zitterte, er sprach langsam, monoton, tonlos mit leiser Stimme, lächelte nie, verzog auch bei erschreckenden

Vorgängen nie eine Miene, der Speichel benetzte den leicht geöffneten Mund."

Nein, eine solche antike Schilderung haben wir bisher nicht gefunden. Wohl aus der Wertung, daß Erfahrung, Wissen und Rat des Alten in der Antike mehr bedeutete als Jugendkult und Mittelmäßigkeit in der heutigen Epoche.

Nehmen wir an, daß diese das Erscheinungsbild schwer verändernde Krankheit schon seit Jahrhunderten auftrat, so wundert es, daß wenige Beschreibungen von diesen sehr eindrucksvollen Symptomen bekannt sind.

Im Jahre 1517 besucht Kardinal Luigi d'Aragon den 1516 auf Einladung des französischen Königs Franz I. nach Cloux bei Amboise gereisten Leonardo da Vinci (Abb. 3). Er beschrieb diesen genialen Maler, Architekten, Ingenieur als bewegungsunfähig und vorzeitig gealtert erscheinend, jedoch zu hohen geistigen Gesprächen fähigen Partner des französischen Königs. Im Alter von 67 Jahren stirbt Leonardo da Vinci am 02. 05. 1519. Wenige Jahre zuvor hatte er in Rom die Trockenlegung der Pontinischen Sümpfe zur Bekämpfung der Malaria vorgeschlagen und geplant. Die Abhandlung über die menschliche Stimme mit anatomischen Studien des Kehlkopfes wurde im Jahr vor dem Tode geschrieben.

Morgagni (1666–1723), Anatom und Pathologe in Padua, verfaßte als einer der ersten Mediziner wissenschaftliche Abhandlungen über die Krankheiten. De sedibus ist eine Beschreibung der Krankheiten des menschlichen Körpers. Er faßt als einer der ersten Pathologen Symptome zusammen, schildert Krankheiten in ihrem kausalen Zusammenhang. Dennoch ist dieses nur ein spärlicher Anfang. Im Thesaurus der Krankheitsdiagnosen von 2002 finden wir auf 785 Seiten etwa 30 000 Diagnosen von Krankheiten. Eine davon ist die Parkinsonsche Krankheit.

Der preußische Bildungsminister und Gründer der Berliner Universität Wilhelm von Humboldt erkrankte ebenfalls an dieser sozial isolierenden Erkrankung (Abb. 4). Ihm verdanken wir die erste, noch unabhängig von James Parkinson (1817) entstandene Schilderung dieser die Persönlichkeit belastenden Krankheit. Er blieb bis zu seinem Tode 1835 geistig rege, obwohl sich seit 1819 seine Erkrankung entwickelte. Ein starrer, maskenhaft ernster Blick, verbunden mit einem anhaltenden Zittern der Hände und des Kopfes in Ruhe, prägten seine Erscheinung. Feinde wie von

Abb. 3: Selbstbildnis Leonardo da Vincis im Alter von etwa 60 Jahren. Mimische Starre ist ein charakteristisches Symptom, welches bei Parkinsonkranken auftritt und als Maskengesicht bezeichnet wird.

Hardenberg forderten seine Entlassung aus dem Staatsdienst. Die Starrheit und das Zittern (Tremor) sind Ausdruck einer ins Ungleichgewicht geratenen Innervationskette zwischen Hirnrinde, Stammganglien und Rückenmark, an der acetylcholinerge und gabaerge Neurone das Übergewicht erhalten.

Als Wilhelm von Humboldt 1830 wieder zu Sitzungen des preußischen Staatsrates gerufen wird, ist seine Erkrankung erheblich fortgeschritten, seine geistige Regsamkeit jedoch ungebrochen. Die schöpferische Aktivität in den Sprachstudien findet 1819 eine stetige Entwicklung. Der Beginn der Parkinsonschen

Abb. 4: Porträtstatuette Wilhelm von Humboldts
von Friedrich Drake, 1834.

Krankheit trifft zusammen mit der Veröffentlichung über die griechische Sprache und Metrik sowie der Übersetzung des Agamemnon von Aischylos. Wenig später erscheinen die Abhandlungen über die cantabrische und baskische Sprache. Aufwendige Studien zu den indischen Sprachen erscheinen nachfolgend. Nach seinem Tode erscheinen die wichtigsten sprachwissenschaftlichen Werke: „Über die Verschiedenheit des menschlichen Sprachbaues und ihren Einfluß auf die geistige Entwicklung des Menschengeschlechtes" (1836–1840, 3 Bände).

Arvid Calson entdeckte in den Jahren von 1950 bis 1960 die Bedeutung der Dopamin bildenden Zellen in der Substantia nigra des Mittelhirnes. Im Jahre 2001 erhielt er dafür endlich den Nobelpreis für Medizin. Diese Region (Substantia nigra) enthält im jugendlichen Alter etwa 200 000 Dopamin bildende Zellen. Sterben mehr als 50% dieser Zellen ab, so entwickeln sich Symptome der Parkinsonschen Krankheit. Beschreibungen dieser Symptome durch Ärzte wie Parkinson, Charcot, Tretjakoff u. a. sind für die Medizingeschichte von großer Bedeutung. Selbstdarstellungen, wie wir sie von Wilhelm von Humboldt erfahren, eröffnen uns eine neue Dimension der gesellschaftlichen Bedeutung dieser Erkrankung.

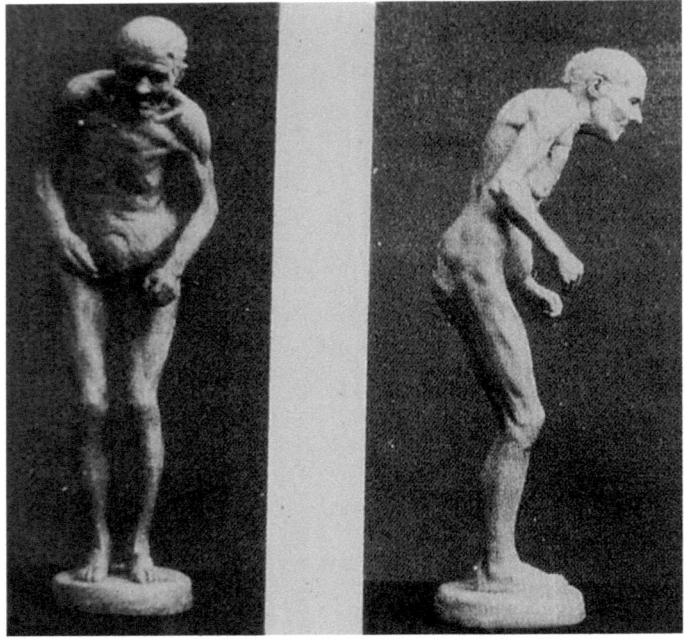

Abb. 5: Statuette eines Parkinsonkranken mit der typischen Haltung eines gebeugten, durch hohe Muskelspannung (Rigor) bewegungsgestörten Menschen. Charcots Assistent Richter bildete diese Figur zur Lehrzwekken für die Neurologie an der Salpetière Paris, 1870.

In einem „Briefwechsel mit einer Freundin" teilt uns Wilhelm von Humboldt intim mit, wie er diese „Parkinsonsche Erkrankung" erlebte.

Berlin, den 27. 12. 1822

„Meine Stunden vom Morgen bis zum Abend, vor 1 Uhr gehe ich nie zu Bette, sind regelmäßig besetzt, mit meiner Familie verbringe ich nur etwa zwei Stunden am Abend außer dem Mittagessen zu. In Gesellschaft gehe ich so gut als gar nicht, und in meiner Stube, in der ich also die meiste Zeit meines Lebens zubringe, bin ich mit Papieren und Büchern umringt. Ich führe, seit ich den Dienst verlassen habe, ein eigentliches Gelehrtenleben, habe weitläufige wissenschaftliche Untersuchungen unternommen und so kommt es denn freilich, daß der Briefwechsel manchmal stockt, der mit Ihnen aber doch am wenigsten!"

Berlin, den 16. 11. 1828

„... Augen, Hand und Feder sind wie im Bündnis gegen alles Gelingen der Handschrift. Man gibt sich Mühe, nimmt sich vor, recht langsam zu schreiben, damit es nur deutlicher werde, aber alle Vorsätze scheitern und es ist närrisch, daß man dann immer kleiner und kleiner schreibt. Mir geht es oft so, als ob ich gar keine großen Buchstaben machen könnte ..."

Tegel, den 19. 10. 1829

„... es ist eine große Weißheitsregel im Leben, nicht gesund und zu frei von Unbequemlichkeiten des Alters und körperlichen Zufällen sein zu wollen. Es ist viel besser, das, was nur erschwert, nicht aber zu sehr hindert, mit Geduld zu ertragen und noch besser, sich über die unangenehmen Empfindungen, die es verursacht, wegzusetzen."

Sind die vorhergegangenen Briefe von kritischem Beobachten eigener Leistungen bestimmt, so folgen Urteile der Ablehnung von Krankheitsgefühl.

Tegel 07. 12. 1829

„Wenn ich Ihnen schrieb, daß mir das Schreiben lästig ist, so ist das eine ganz natürliche Folge der Jahre. Allein ich bin weder krank noch altersschwach und Sie brauchen sich nicht die mindeste Sorge um mich zu machen."

Den Verlust an körperlicher Selbständigkeit verdrängt Wilhelm von Humboldt mehr und mehr schon in frühen Briefen:

Herrnstadt, 09. 07. 1824

„Ich hatte mir das Alter immer reizend und viel reizender als die frühen Lebensepochen gedacht und nun, da ich dahin gelangt bin, finde ich meine

Erwartungen fast übertroffen. Daher mag es auch kommen, daß ich eigentlich in der Seele gewissermaßen älter bin als körperlich und an Jahren. Ich bin jetzt 57 Jahre alt und wer ohne große körperliche Ermüdung und meist gesund und immer höchst regelmäßig und ohne Leidenschaft gelebt hat, welche die Gesundheit untergraben, kann da doch keine merkliche körperliche Abnahme fühlen..."

Später schreibt er ohne Vorwurf und Klage:

Tegel, 03. 09. 1832

„... Die Stille, zu der die Krankheit verurteilt, ist mir an sich nicht zuwider. Die Unruhe, die gewisse Krankheiten mit sich führen, mindert sich, wenn man ihr moralische Ruhe entgegensetzt. Mit dem positiven Schmerz ist es allerdings anders. Aber auch da kann man viel tun. Überhaupt gewinnt man sehr, wenn man die Krankheit nicht wie ein Leiden ansieht, dem man sich hingeben, sondern als eine Arbeit, die man durchmachen muß. Denn es ist gewiß, daß der Kranke sehr viel zur Aufrechterhaltung seiner Kräfte und zur Vollständigkeit seiner Heilung beitragen kann. Meine so genannte Gelassenheit ist gar kein Verdienst, sondern eine bloßer Glücksvorzug des Temperaments. Wenn man mich ruhig läßt, sich wenig um mich bekümmert und mir nicht durch Bedauern, Bangigkeit und ungeforderte Pflege Langeweile macht, so müsse die Krankheit sehr lästig sein, um mich ungeduldig zu machen."

Berlin 01. 07. 1833

„... ich befinde mich sehr wohl, bis auf das Zittern, das natürlich zunimmt, je weiter die Badekur und ihre Wirkung zurücktritt. Ich schreibe so ungemein langsam, daß ich das eigene Schreiben werde noch viel mehr beschränken müssen, als ich schon tue."

Norderney, 02. 08. 1833

„... Eigene Körperstärke setzt diese allerdings voraus, aber die Hauptsache ist, das ganze Leben hindurch die Seele zur Ertragung jedes Ungemachs abgehärtet zu haben. Es ist unglaublich, wie viel Kraft die Seele dem Körper zu verleihen vermag. Es erfordert dies auch gar nicht eine große und heldenmütige Energie des Geistes. Die innere Sammlung reicht hin, nichts zu fürchten und nichts zu belehren, als was man selbst in sich abwehren oder erstreben kann. Darin liegt eine unglaubliche Kraft. Man ist darum nicht in eine phlegmatische Ruhe versenkt, sondern kann dabei gerade von den tiefsten und ergreifendsten Gefühlen bewegt sein. Ihre Gegenstände gehören nur nicht der äußeren Welt an, sondern sind höheren Dingen und Wesen zugewandt..."

Im Gegensatz zu der ausgewogenen Selbsteinschätzung schildert Henriette Herz in einem Brief 1833:

„Herrn von Humboldt werden Sie körperlich sehr schwach finden oder dem Anschein nach durch so heftiges Zittern der Glieder, daß er kaum stehen und die Speise zum Munde bringen kann, dabei ist er aber so geistig und liebenswürdig, wie er es immer war, wie ganz unerhört ist es, eines solchen Mannes Fähigkeiten so lange schon unbenutzt gelassen zu haben – freilich ist er jetzt alt geworden und würde vielleicht das angestrengte Arbeiten müssen nicht mehr gut ertragen, obwohl er nie müßig ist –, er arbeitet aber zu ihm bequemen Stunden und hat es mit niemandem zu tun. Zu den Staatsratssitzungen kommt er regelmäßig in die Stadt und darf auch sitzend darin sprechen."

Mit bleibender Kritikfähigkeit urteilt Wilhelm von Humboldt über den Vorgang der Krankheit:

Tegel, 18. 07. 1834

„... Die gehemmte oder wenigstens durch Langsamkeit sehr erschwerte Tätigkeit ist, meiner Empfindung nach, das drückendste. Dann die Unbehülflichkeit, daß man viele Sachen gar nicht oder nicht ohne große Beschwerlichkeiten sich selbst und allein machen kann. Wenn einem auch dann die Wahl bleibt, sich helfen zu lassen, oder die Sache langsam und mühevoll selbst zu machen, so ziehe ich in der Regel das letztere vor, da mir das Gefühl der Abhängigkeit von fremder Hilfe sehr widrig und unangenehm ist. Es gehört zur Vollendung des menschlichen Lebens, ein solches Heruntergehen der Kräfte zu empfinden und das menschliche Leben als Ganzes, sich aus sich selbst Entwickelndes durchzumachen, hat in sich etwas Beruhigendes, weil es dem Menschen den Einklang mit der Natur zeigt."

Schon damals stehen die Medien im Widerspruch zum Kranken, die eine öffentliche Betrachtung fordern.

Tegel im März 1835, kurz vor dem Tode:

„Ich erfahre immer nur durch Sie, liebe Charlotte, was man in den Zeitungen von mir sagt. Wie aber die Leute dazu kommen, so oft und ohne alle äußere Veranlassung in den Zeitungen von mir zu reden. Es beweist recht, wie das Privatgeklatsche zur öffentlichen Sache geworden ist, da man nicht die Naivität haben muß zu glauben, daß es aus wahrem Anteil geschehe."

Am 08. 04. 1835 stirbt Wilhelm von Humboldt in Berlin-Tegel. Eine Fülle von Manuskripten der letzen Jahre künden von der Kreativität bis zum Tode.

In der Gegenwart ist Papst Johannes Paul II. ein besonders prominenter Patient mit wahrscheinlich Parkinsonscher Krankheit. Der heute 83-jährige Papst leidet seit etwa 14 Jahren an dieser

Abb. 6: Papst Johannes Paul II. bei der Ankunft auf dem Flughafen 1983
(Zeichnung Vogel)

Erkrankung. Im Unterschied zu Wilhelm von Humboldt, der mangels entsprechender Medikamente keinerlei Behandlung erhielt, könnten bei Johannes Paul II. alle pharmakologischen Möglichkeiten genutzt werden, die die Forschung der vergangenen drei Jahrzehnten gebracht hat.

Über die Behandlung des Papstes ist allerdings in der Öffentlichkeit ebenso wenig bekannt wie über die Krankheitsdiagnose selbst. Über beides kann nur spekuliert werden. Grundlage der Behandlung von Parkinsonpatienten ist heutzutage allgemein die Erhöhung des bei dieser Erkrankung nicht mehr ausreichend im Hirn gebildeten Botenstoffes Dopamin. Dies kann durch Gabe von Vorstufen des Dopamins als Tablette erreicht werden, oder durch Gabe von Medikamenten, die den Abbau des noch vorhandenen Dopamins hemmen. Gibt man Vorstufen dieses Transmitters als Tabletten, so kann erst eine hohe Dosierung zum Übertritt vom Blut in das Hirn führen und die geschilderten Symptome der Erkrankung zeitweilig mindern. Ein therapeutischer Erfolg ist jedoch oft mit Symptomen der Überdosierung verbunden, die sich in Hyperkinesen (ausfahrende, unwillkürlich auftretende Zuckungen und zappelnde Bewegungen der Arme und Beine) oder Halluzinationen äußern.

Die den Papst betreuenden Ärzte würden also vor dem Problem stehen, daß eine mögliche optimale Therapie auch zu schwerwiegenden Störungen der Bewegungen in der Öffentlichkeit führen könnte. So ist davon auszugehen, daß der Papst auf eine solche „optimale moderne" Therapie verzichten muß, um die Würde seiner Erscheinung in der Öffentlichkeit zu wahren. Im Wissen um seine ungestörte geistige Aktivität und im Vertrauen darauf, daß diese allein durch sein wenn auch gebrechliches Auftreten hinreichend kommuniziert wird, nimmt er somit wohl die Starrheit der Bewegung ebenso hin wie das zeitweilige Versagen der Stimme und das weitestgehende Fehlen von Mimik und gestischer Kommunikation. Andererseits muß bei einer medikamentösen Therapie diese soweit geführt werden, daß akinetische Phasen, bei denen sogar die Atmung nahezu zum Stillstand kommt und die Gefahr der früher zum Tode führenden Lungenentzündung besteht, unbedingt vermieden werden. Die Gabe der Medikamente richtet sich dabei nach dem Tagesrhythmus, den körperlichen und geistigen Aktivitäten, da nach Einnahme der Medikamente oft nur für eine Stunde der Effekt einer Besserung erreicht werden kann. Würde in einem solchen Fall kurzfristig die Gabe der Medikamente wiederholt werden, so bestünde die Gefahr der Überdosierung und ungewollten Hyperkinesen. So beobachtet man auch bei dem Auftreten des Papstes in der Öffentlichkeit zunächst eine gute Beweglichkeit, eine kräftige Stimme und einen mimischen Ausdruck, der nach einer relativ kurzen Zeit dem Wiederauftreten der Starre weicht.

Sonstige Behandlungsmethoden, wie sie in den letzten Jahrzehnten für Patienten mit schwerer Parkinsonscher Erkrankung

Abb. 7: Papst Johannes Paul II. bei den Feierlichkeiten zum 16. 10. 2003 (Zeichnung Vogel)

entwickelt worden sind, z. B. stereotaktische Hirnoperationen, Transplantation embryonaler Nervenzellen, Implantation elektrischer Stimulatoren in das Hirn oder Implantation von Medikamentenpumpen sind wahrscheinlich aus ethischen Gründen bei einem Patienten wie Papst Johannes Paul II. kaum anwendbar.

Papst Johannes Paul II. setzt ebenso wie Wilhelm von Humboldt seine geistigen Aktivitäten gegen seine körperliche Gebrechlichkeit, wofür er unsere Bewunderung verdient. Waren in der Vergangenheit Alter und Leistung, Erfahrung und Rat akzeptierte Beziehungen der Generationen, so stehen heute, insbesondere durch die Medien aller Art vermittelt, im Mittelpunkt mehr und mehr Maßstäbe der Mittelmäßigkeit, des Rekordbewußtseins und eines fragwürdigen Jugendkultes. So wie in früheren Zeiten sollten wir auch heute die Integrität der Persönlichkeit achten, auch und gerade wenn körperliche Defekte Hilflosigkeit bekunden.

Literatur

Calne, D. B.: Parkinsonism and Aging, Raven Press New York 1989, p. 25.

Charcot, J. H.: On paralysis agitans, Lecture V. in: Lectures on the diseases of the nervous system. Sigerson, G. (trans.) London, New Sydenham Society. 1879, 129–156.

Diede, Ch.: Briefe von Wilhelm von Humboldt an eine Freundin. Leitzmann, A. (Hrsg.), Inselverlag Leipzig, 1909.

Edelmann, G. K.: Neurosciense Suppl. 22, 101 (1987).

Haym, R.: Wilhelm von Humboldt, Lebensbild und Charakteristik, Gartner Verlag, Berlin 1856.

Herdegen, Th. / *Tölle,* Th. / *Bähr,* M.: Klinische Neurobiologie, molekulare Pathogenese und Therapie von neurologischen Erkrankungen. Heidelberg / Berlin / Oxford, Spektrum Akad. Verlag, 1997.

Horowski, R. et. al.: An essay on Wilhelm von Humboldt an the Shaking palsy Neurology 45, 1995, 565–568.

ICD 10: Diagnosen Thesaurus Verlag Hans Huber, Bern / Göttingen / Toronto / Seattle 2002.

Krewerth, R. A.: Johannes Paul II. Augsburg, Verlag Pattloch, 1996.

Parkinson, J.: An essay on the Shaking palsy, Whitingham and Rowland, London 1817.

Richter, A. J.: The notebooks of Leonardo da Vinci, Oxford / New York, Oxford University press 1980.

Printed by Libri Plureos GmbH
in Hamburg, Germany